EPOJÉ

ExLibric

MARIBEL MARÍN

EPOJÉ

EXLIBRIC
ANTEQUERA 2025

EPOJÉ
© Maribel Marín
Diseño de portada: Dpto. de Diseño Gráfico Exlibric

Iª edición

© ExLibric, 2025.

Editado por: ExLibric
c/ Cueva de Viera, 2, Local 3
Centro Negocios CADI
29200 Antequera (Málaga)
Teléfono: 952 70 60 04
Fax: 952 84 55 03
Correo electrónico: exlibric@exlibric.com
Internet: www.exlibric.com

ISBN: 979-13-88079-40-5
Depósito Legal: MA 2027-2025

Impresión: PODiPrint
Impreso en Andalucía – España

Nota de la editorial: ExLibric pertenece a Innovación y Cualificación S. L.

MARIBEL MARÍN

EPOJÉ

A mi familia

Hoy amanecí para anochecerte los atardeceres.

El ermitaño no es la caracola; el poema no es la poesía. El poema es aquello a lo que apunta el decir; el poema es el eco. Por eso cuando, con el tiempo, las palabras o los versos se endurecen y pierden su sentido, hay que poder decir de otro modo, con otro ritmo. Cuando la concha en la que habita el ermitaño se le queda pequeña o se deteriora, el animal busca otra más apropiada. A lo largo de su vida cambiará de habitáculo con frecuencia. Así es como el poema atraviesa la historia.

«Baba de caracol», de CHANTAL MAILLARD.

Prólogo

Podría ofrecer una simple explicación teórica del término que pone título a este poemario. Pero lo importante de la palabra no es su definición exacta, sino cómo llegó hasta mí: de repente, sin buscarla y sin darle mayor importancia, al principio. Quizá, la persona que la puso en mis manos sonreirá al leer estas palabras. En realidad, solo le estoy dando la razón.

Y es que vivimos en un lugar en el que todas las opiniones se vierten al vacío incontroladamente y, como consecuencia de ello, muchas de ellas no se tienen en cuenta. Se lanzan las palabras por el precipicio, se conjetura sin antes tener una información completa previa que la sostenga, se banaliza sin temores.

Por ello, a veces es necesaria la suspensión de juicio, un estado de reposo en el que dejar de afirmar o desmentir para, simplemente, reflexionar: un estado entre paréntesis.

La sencilla posición de suponer que ningún camino es definitivamente correcto, que nada de lo que nos rodea es exactamente como parece, por lo que, en realidad, no hay nada que conozcamos por completo. Elegir esa prudencia en un descanso mental que nos proporcione las diferentes perspectivas al desconectar de la cotidianeidad. Como decía Husserl, «desatender el mundo para prestarle atención tal cual es».

Y es así como se configuran estos poemas.

Amanecer

No es más real el miedo que te lleva a otra parte
que el que te parte por llevarlo contigo.

VEROSIMILITUD

En un presente detenido, canto a la eternidad
desde aquel no lugar que insinuaba Pizarnik.

Que nos despojen del miedo
y nos arropen en una isla:
minúscula, tanto que las palabras
se confundan en sus coordenadas.
Allá, donde las aves vuelen bajo
y las nubes dibujen alas.
Hemisferios nuevos
sin normalidad creada.
Que nos desvistan de temores,
más aún de los comunes:
prototípicos actos reflejo
ensimismados y frágiles.
Allí, cual parábola infinita
y pedagógica imborrable.
El extravío de las moralejas
cultiva bucles equívocos.
Que nos rediman de la culpa
y nos libren de la resignación.
En la piel del narratario
nunca existe la objeción.

LA ROPA VIEJA Y LAS IDEAS CLARAS

Los remordimientos no siempre provienen de malas acciones.

Me arrepentí cada día de sentirme frágil,
de que las 6:30 fueran los buenos días,
de que la inocencia ya no me acompañara.

Me arrepentí de las decisiones y los silencios,
de las facciones rotas y los rostros mustios,
de los impulsos y de las emociones guardadas.

Me arrepentí de esperar y de abalanzarme,
de los mensajes de la música de los 90,
de defender con todas las consecuencias una causa.

Me arrepentí de los tópicos de pueblos y ciudades,
de los autobuses llenos de mitades,
de que el mar se vaya cuando soy cobarde.

Me arrepentí de irme y también de quedarme,
de encender el fuego y apagar el aire,
de conceder permisos cuando llegaban tarde.

Me arrepentí de los actos reflejo y de los obsesivo com-
pulsivos,
de la ropa vieja y las ideas claras,
de fingir, de las apariencias, de las ansias.

Me arrepentí de la soledad y el tumulto,
de la impotencia que entraña,
del pasado, del poema y de constatar
que solo confirmo mis ganas.

ZAHIR

Como escribió Borges en El instante: *«El hoy fugaz es tenue y eterno; otro Cielo no esperes, ni otro Infierno».*

Qué decir de quienes creen en
jaulas:
me prometí no darles voz en mí
misma,
no socorrer esa necesidad
de cerrar puertas;
a fin de cuentas, son aves,
pero no vuelan.

«ES UN SUEÑO»

*La realidad que palpita tras las segundas intenciones,
los dobles sentidos, las expresiones ambiguas...
Qué ironía.*

Te voy a escribir un cuento
como quien rememora un recuerdo.
Te voy a arropar en el viento
cubierto de fragancias y hojas.

Comienza con un espacio infinito
en el que se ocultan las mariposas.
Dicen que no tenía nada,
desconocen que el vuelo escondía las horas.

Prosigue con miles de versos
suspendidos en todas sus tramas;
tan capcioso como perfecto
y, aun así, hechizo de vidas prestadas.

«Es un sueño», pensarán algunos,
nada más allá de una división equivocada.
Qué inocentes son los impresionistas;
qué valiosas son las metáforas.

SUPERFICIES INÚTILES

*Biblioteca de Andalucía de Granada. Quizá una charla poética;
un taller literario tal vez. Al caer la tarde, cuando las hojas secas
comenzaban a descender. Supuestos de una habitación.*

El vacío se llena de ti,
encontrando miles de horas,
en una habitación interminable
que me ahoga.

Destilando el oxígeno ausente,
se escucha el silencio:
un ruido ensordecedor
que con tus pasos se agota.

Las paredes juegan con tu silueta
al caer un sol que no existe.
Mientras, la rutina de tus párpados
descubre las esquinas rotas.

EL ESCONDITE

En el interior. Llovía afuera. El tiempo rompía a llorar
desconsolado. Más allá de la ausencia, una rutina que grita.
Niebla sobre los tejados; humedad por fin. Nadie se inmuta ni
perturba su quietud. Todos seguimos huyendo.

Nos encontramos allí
casi sin darnos cuenta.
El lugar: era el escondite
que nos perseguía.

Un entramado oscuro
en palabras de otra gente.
Sigiloso pero impulsivo,
temeroso pero adictivo.

Caímos como pájaros en la noche,
en una forma acelerada
de encontrar cobijo:
algo urgente y deshabitado.

Allí hacíamos y deshacíamos,
de repente: como perseguidos,
creyendo que éramos algo,
demostrando todo lo contrario.

Dejamos de medir la intensidad,
pues los supuestos nos delatarían.
Cubrimos tanto el rastro
que, sin darnos cuenta, lo perdimos.

LAS MEJORES HISTORIAS SABEN A MAR

Vestida de azul y una leve sonrisa,
con la habilidad inherente
de desvelar secretos a medias
y la destreza impaciente
de contar minutos hacia atrás.

Descubrí, recorriendo tus párpados
con mis dedos inquietos,
que las superficies más sensibles
son altares al tacto hambriento
de divinidades quiméricas.

Esperaría hasta que amaneciera
todas las noches en aquel lugar:
donde las palmeras son solo sombras
y las sombras se difuminan al pasar
para dejar espacio a la oscuridad.

De azul, porque no hay nada más bello
que ese color creado entre el cielo y el mar.
Con una leve sonrisa,
porque no hay nada más injusto
que la tempestad
y nada menos libre que la calma.

Ojalá una caja plateada

Demasiada gente para secuestrar ideas. Ruido por doquier. Situaciones confusas que se entrelazan dando lugar a una humilde normalidad. Nada ocurre sin razón aparente. Cafeterías sin más.

Ojalá un detector de poemas imprevistos:
un ente que los capture
y los secuestre
cuando estos se acercan a ti
y se apoderan de tu mente.

Quizá sería como
una pequeña caja plateada
que los atrapa justo antes
de que se alcen en vuelo.

Un lugar en el que almacenar,
con solo un guiño inocente
o un chasquido silencioso,
los versos que, de repente,
te envuelven.

Aquellos que,
sin saber cómo,
aparecen en tu mente
perfectamente hilados,
medidos y escenificados.

Incluso sus comas
revolotean por tu cabeza.
Las palabras precisas,
las ideas concretas,
las estrofas vestidas.

Esos que, cuando los alcanzas,
papel y bolígrafo en mano,
se deshacen a tu alrededor,
quedando las letras en disolución
y en tu rostro, una sonrisa cómplice.

DIÁLOGOS SIN MÁSTIL

La noche cubre los tejados en un grito; se escucha el ruido
de los automóviles y el dolor de tu mirada.

Mil lunas se posan sobre tu tejado
y amaneces dormida sobre su charco.
Diriges tus pupilas hacia mí
y creo saber el recorrido de cada gota de lluvia,
de cada rastro de tu imagen difusa.

Soy yo ese minúsculo ser que pretende encontrarse:
en ti o en el tacto de lo superfluo,
en los libros que sustentan los recuerdos,
en mí o en el fondo del silencio,
en todos y cada uno de los obstáculos.

ARTILUGIOS

*Momento atemporal. Botones tirados por el suelo y tizas rotas. Su
piel era tan delicada y su voz tan tímida que se hacía invisible. A
un cuarto de hora de las 9 de la mañana. Sin ojeras, sin miradas.*

Escribo desde otra dimensión.
Mi silueta se encuentra presa
en un lugar bajo espesa niebla,
cuyos artilugios simulan el infinito.

El cuándo es justo el momento
en el que tus cuentos simplifican
cada noche dormida.
Un «érase una vez» en silencio.

El dónde es la perfecta encrucijada
de aquellos mundos paralelos
que, cuando fuiste niño,
se unían por un punto de inflexión.

El cómo es el final de una suposición.
Tal vez a lápiz, quizá dibujada,
a veces sumergida, otras indefensa.
Con complejo de mal menor.

El porqué es el delirio compartido
de coleccionar puntos suspensivos;
una estricta toma de contacto
con tus puntos cardinales.

El qué ondula por el viento,
más allá de una promesa sin valor,
que algún día, con el tiempo,
un poema dio la razón.

Y es que escribo sin señales de humo.
El «solo» es «sólo», sin compasión.
Mas el cuándo, qué, porqué, dónde y cómo
no comprenden aún el dolor.

EL SEXO DE LA POESÍA

Cuando todavía las líneas no sabían que debían ser cruzadas.
Antes, incluso, de imaginar todo aquello. En el preludio de una
noche que se hacía pasar por eternidad. Una calle poco transitada,
ni siquiera por la locura. Anochecía sin recompensas.

Nunca antes
se había cuestionado
el porqué de ese verso asonante
que cuando no se recita,
provoca tal vacío
que el poema llora.

Pero aquella tarde,
cuando ya todo había acabado,
la poesía lloró.
No estaba triste, me dijo.
Las lágrimas eran
cucharadas de carcajadas.

SOLO SOMOS LLUVIA

Y me dirás que solo somos lluvia
tras los cristales rotos del ayer,
buscando siempre un nuevo amanecer
para dejar sellada nuestra historia.

Y juzgarás mi eterna filosofía,
sin remordimientos, solo por placer,
porque no tiene lugar suponer
más allá de esta efímera memoria.

Mas la infinidad se halla en el ahora,
tras las luces de bohemia y la tinta
que corrigen el tiempo en su demora.

Deja volar a aquella ave dormida,
escucha cómo la poesía aflora
o átame y nunca vuelvas la vista.

MAREA TODO LO DEMÁS

Pasados en cuarentena. Recuerdos ya carentes de intensidad.
Supervivencias y anocheceres. El mar que siempre todo lo
convierte en nada. Málaga...

Era noche
en tus tinieblas,
nublado el humo del mar.
Pero nada más,
solo eso.
Marea todo lo demás.

La brisa era un verso vacío,
las olas rompían a llorar,
el mar se mordía por dentro:
impotente,
indeciso.
Las rocas empezaban a gritar.

Y tu pequeño velero,
surcando las olas sin parar.
Dulces tus lágrimas,
boca imprecisa,
arrugas.
La bruma despeinaba el mar.

Con las manos separadas,
siempre,
incrédulas ante la realidad,
quedaban,
caricias ardientes,
calmadas por miedo a la inmensidad.

ROSTROS AJENOS

Poema descriptivo de la exposición de fotografía conceptual
«Rostros ajenos» presentada y expuesta para la Escuela de
Fotografía y Cine Filmosofía de Granada.
Rostros superpuestos.

Dicen que somos individuos,
cada uno ajeno a cualquier otro.
Dicen que somos inmiscibles,
que somos entes dispares,
diferentes, distintos.

Dicen que somos meras figuras errantes
aisladas cada una en nuestro interior:
seres paralelos, no perpendiculares,
mundos separados a razón de piel,
cuerpos que se mantienen distantes a la entropía.

Discrepo ante las verdades absolutas,
ante los reproches y los individualismos,
pues somos rostros inmersos en nuestro entorno,
formamos parte del otro
en tanto que nos sumergimos en él.

SIN EMBARGO, FUIMOS HUMO

Es la fe el antídoto a lo superfluo. La temperatura es agradable
y las aves agilizan el vuelo. La esperanza coge impulso.

Sin embargo, fuimos humo,
cenizas tal vez,
alimentándonos de preguntas retóricas
y de despedidas en otras orillas.

Pupilas que esquivan miradas,
verbos opuestos sin domesticar,
el pánico de los años bisiestos,
todo aquello que no tiene ley.

Solo con un puñado de puentes inestables
bajo nuestros congelados pies.
Sin embargo, fuimos humo.
Todo lo que siempre quisimos ser.

Realidades paralelas

Conjuntos dispares que forman uno solo. Irónicamente, se aproximan hasta parecer similares y permanecen así hasta la eternidad. Incoherentes parejas que se proyectan en la misma dirección. Perfectos elementos inestables bajo cadena perpetua.

Escribir no es un verbo,
tiritar es su acompañante más frecuente.
Estar solo es estar rodeado de gente,
cogerte la mano es un adiós permanente.

Gritar es la forma de estar callado para siempre,
correr es asegurar el silencio.
La vida: un imperio de promesas;
el delirio: la fe en el recuerdo.

Pedir permiso es una cárcel de por vida,
entre rejas de monosílabos y compromisos de rodillas;
los derechos: acantilados de mentiras;
las mentiras: el deber de sufrir de puntillas.

El amor y el odio son la enfermedad de las palabras,
el paso entre ellas somos tú y yo.
Estar desnudos es dejar de recorrer lo superfluo,
tender las sábanas justo en la esquina del desvelo.

La fecha subrayada en el calendario,
desde aquel portazo sin vuelta atrás
hasta el más desesperado cruce de piernas,
es un vagabundo a punto de llorar.

La bañera es la guarida de las lágrimas,
la noche es el secreto de nuestro perdón.
El cenicero sobre la mesa,
la ceniza sobre el rencor del contestador.

El desagüe de los saludos por educación,
ese punzante dolor en el pecho,
sin ausencia a voces,
es una mesita de noche al lado del dolor.

Estar ahí es no estar contigo,
dormir en la arena es nadar en tus suspiros.
El verbo ser es un infierno moribundo
que nunca significa nada y siempre permanece en vilo.

PRINCIPIO DE INGENUIDAD

Tardes de cielos rotos y despedidas. Preguntas inocentes que acaban en lágrimas. Camisas por doquier sin más afán que provocar distancias. Y una mesita de noche. Solo una mesita de noche.

Y vas, poco a poco,
resguardándote de los errores ajenos,
tejiendo sin hilo una pared
que te aísle de todo aquello que no seas tú.

En tercera persona
y sin testigos.
No sé si hablas tú por mí
o soy yo quien intenta recuperar tu voz.

Te vi en el filo de aquel precipicio.
Sigue allí tu imagen diáfana.
Las razones eran obvias y los rencores se agolpaban,
pero todo se diluía a lo largo del transcurso.

Caías a la vez que intentabas volar,
era perfecto desde aquel punto de apoyo.
Mirabas al cielo
y tu vestido se deshacía con el viento.

El eco no se hizo dueño del grito:
aprisionado pero sin cadenas.
Ya me dijiste alguna vez
que no pretendías dar lecciones de moral.

Añoro la excusa que dejaste tras tu rostro,
la elegancia sin rasguños que supiste dibujar.
Ahora el precipicio se cubre con tu ausencia
y dejas en mí las ganas de volar.

La gente camina cada vez más rápido
con unos pasos que no saben hacia dónde van.
La identidad se ha perdido
entre las rejas de la ciudad.

Pareciera que ya no existe el entusiasmo
por el miedo a lo desconocido,
ni los gritos, las tentaciones,
o el olvido.

Se ha transformado aquel inmenso legado,
tan líquido como olvidado.
Quedan las cenizas que supone escribir
desde el otro lado del precipicio.

Solo un susurro que se acuesta
sin saber si es escuchado
por unos versos que, siendo libres,
aún necesitan tu regazo.

TODOS LOS VELEROS

Nazco como el final que se teje de madrugada.
Con las ramas desgastadas por el viento ajeno,
en ese resquicio de luz que otorgan las farolas:
solitarias, asustadas, predecibles y tuyas.

Me limito a bordear las excusas prestadas.
Hallé en mí un ápice de ese sentimiento,
tan común como volátil e indefenso.
Tendré que pedir perdón por el reencuentro.

Vacías las estructuras de azul intenso
que soportan mis mares y tus ríos.
Qué será de aquellas sospechas
que consumieron todo lo nuestro.

En un quizá se resumen todos los veleros
solo por pedir explicaciones al viento.

Nunca susurres a un desconocido

Ushuaia está cerca, se percibe la multitud de sus personajes resbalando entre mis anotaciones en los márgenes. Antoine de Saint-Exupéry borra parte de ellos. A un viejo amigo más cuerdo…

De un tiempo a esta parte
se me hace sencillo imaginar
que quizá, no hace mucho tiempo,
los señores con traje también escribían borradores.

Parecía fácil arriesgar la vida
entorno a un comentario a pie de página,
sin más pretensión que consumir el tiempo
a bocanadas de fragilidad.

Madrid hace que todo confluya
en un mismo punto,
en una misma intersección,
en un mismo catálogo de errores frecuentes.

De impostura serena y confiada,
con el impreso de aquella ciudad bajo el brazo,
apareció delante de mí
denotando el único «no» que mis pupilas
podían prever.

Mis textos y los suyos desembocaban,
independientes de sí mismos,
en distintas orillas:
contrarios, opuestos, antagónicos.

Palabras esbeltas, elegantes y seguras,
prosa estructurada,
contra palabras que tiritaban
mostrando el delirio y la locura.

Intenté alcanzarlas, al principio.
Después vinieron las ironías a razón de que,
sin pronunciar una palabra,
mis textos ya sabían que ese no era su lugar.

Tras de sí, el error de fruncir el ceño,
la causa de una negativa injustificada.
La confianza es el ente más perverso
al habitar en un alma equivocada.

Prosa en distintos pentagramas
al mismo nivel de confusión.
Unos liberados de prisión,
otros ahogados entre corbatas.

MUSAS DANZANDO DESCALZAS

Poema que recibió el primer premio «El Buscón» del XXXVII Certamen Poético Internacional de la Orden Literaria Francisco de Quevedo.

Dibujar la vida tirada por el suelo
cuando echar de menos
se convierte en un incendio.

Unir las piezas enfurecidamente
para crear puentes que nos sostengan,
y descubrir que en nuestros cuerpos
ya no crecen edificios.

En el hueco de la escalera
recuerdo tus palabras
cuando pretendíamos ser como números periódicos.
De puntillas, con los calcetines rotos:
intentando alcanzar alguna salida de emergencia.

Te espero al otro lado de la orilla,
donde se desnudan tus ojos
para vestir mi sonrisa.

Escúchame despacio, no tenemos prisa.
Ya he recorrido todos nuestros pasados,
la derrota les ha hecho perder la noción del tiempo.
He aprendido, también,
que nunca he estado más despierta
que acostando tus pesadillas.

Por eso y por este silencio que sabe a mar,
me encuentro aquí sentada,
manteniendo esta distancia que nos detiene
como partículas en suspensión.

Con las piernas cruzadas
y los zapatos pidiendo auxilio en el suelo.
Habito en una falda que ya no tiene miedo
de acoger bolsillos vacíos y eternos.

Y quizá una camisa con los botones destrozados
que pretendían ser cosidos por el cielo.
Te espero, como quien dobla un billete del metro,
mirando a todas partes
para ganar la partida al invierno.

Y miro hacia atrás,
pensando que quieres asustarme
mientras haces cosquillas al miedo.

Escúchame,
imaginando que la música duerme
desnuda y sin sábanas,
soñando que las notas son musas
danzando descalzas,
aunque espero,
que solo te abrace el silencio.

BALAS AL ALBA

Como te imagino, lector. Carta de un libro a su dueño.

Tú, que me guardas los minutos precisos
al caer la noche cuando los niños duermen.
Tú, que me llevas contigo salpicando paredes.

Tú, que me sitúas paralelo a tu figura
para que no acabe;
o me reclinas sobre tu cuerpo
para acelerarme.

Tú, que me acaricias muy despacio
por costumbre al despertarte.
Tú, que me dedicas bostezos y tempestades.

Tú, que me recorres imaginando mil lunas
cayendo en palabras;
o me devoras pensando
que quizá llegué tarde.

Tú, que me esperas sin pedir explicaciones
y dosificas mis pasiones por miradas.
Tú, que ocultas mi olor bajo llave.

Tú, que disimulas mis lágrimas
en tu pecho desnudo,
o estimulas mis promesas
derramándome el alma.

Tú, que me desayunas al alba
y juegas con mis espacios en blanco.
Tú, que bordeas mis márgenes sin dudarlo.

Tú, que me sostienes con fuerza
próximo a tu rostro
y doblas muchas de mis esquinas
para nunca olvidarlo.

Tú, que me acurrucas sin saber por qué
y me arropas para encontrarlo.
Tú, que elegiste tenerme a tu lado.

Tú, eres quien me ayuda a escribirme
sin más pretensión que llegar al alma
y disparas a mis versos con balas al alba.

CADA PIEL

Me miras con esos ojos
que, al mismo tiempo, provocan
que las hojas caigan
y se hundan en tierra seca
y que nazcan otras:
nuevas, verdes, inquietas.

Estoy en ese punto de inflexión,
en esa esquina, ese cruce,
esa intersección,
ese lugar, ese no lugar
en el que todo se mezcla,
todo fluye, todo se diluye.

Y allí reconozco todos los cielos,
todos los infiernos,
aquellos que otros crearon
para sentirse superiores,
para tener algo a lo que aferrarse,
para sentirse de este mundo o de otro,
sin saber que no hay mundo,
que no hay otro, que no hay nada.

Navego en la ausencia
y noto cómo las lágrimas
pesan más que las propias miradas;
cómo un giro inesperado
puede provocar tanto
que nada se mueva.

Paralizados y, al mismo tiempo,
recorriendo poco a poco cada piel:
sin sentir nada, sin decir nada.
Hace frío. Tanto que no noto la brisa.
Hace calor. Hace viento…
Hace todo lo que podría ser si no estuvieras.

Pero estoy allí
y todo pasa tan rápido
que este poema
no es un poema,
no es nuestro poema,
no es mi poema.
El infinito…
se cierra.

SI ESTÁS LLENA DE RUIDO, NO ESCUCHAS EL SILENCIO

Te miro como quien lee un poema de Bécquer,
te espío en la sombra de azul y violeta,
te espero manchada de días con lluvia
y noches de mar y arena.

Si estás llena de ruido,
no escuchas el silencio.
Como una embarcación varada
o una isla desierta.

Te imagino en canciones de Sabina
que ocultan las heridas.
Te cuento la rutina que envuelve
y secuestra nuestras vidas.

Te pienso cuando camino descalza,
surco tus tinieblas y gritas,
empujo tus miedos y tiemblan,
te sonrío asustando tus penas.

Si estás llena de ruido,
no escuchas el silencio.
Como una embarcación varada
o nuestra isla de poemas.

ATARDECER

*El cielo solamente es ese lugar
en el que te nacen alas.*

NIEBLA SOBRE LOS TEJADOS

Recordar el pasado una y otra vez no merece la pena.
¿Qué es la memoria? ¿Qué es la nostalgia?

Prometieron que sería fácil,
pero los baldosines del suelo chirrían de rabia.
Subrayaron, una y otra vez,
que nada ni nadie se interpondría.
Se mantuvieron firmes en su posición,
una inexcusable postura fingida.
Pero el humo de los cafés se esfumó junto a la poesía
y ya no queda nada.

La razón de las cosas es efímera,
y el desorden parece establecerse
como la nueva ley de la gravedad.
Ya no nieva en el camino, no se escucha el frío,
no se congelan los suspiros.
Sin embargo, la apertura de las cortinas
sugiere el miedo.
Ya no existen las emociones, escasean los gestos,
no hay niebla sobre los tejados
ni hace calor en aquel infierno prohibido.

DIMENSIONES

No existen las casualidades. El destino no es más que un propósito.

Y decrecí en la distancia.
Tu distante.
Distinto nuestro paso del tiempo.

CLASIFICACIÓN VERTIDA

La descripción más detallada de una persona no se busca, se
investiga o se cuestiona, simplemente te estalla en las manos.

Se despertó una mañana cualquiera.
Ella, cualquiera, en una cama cualquiera.
Pero ya no estaba allí,
no quedaba nada en su propio vacío.

Se recordaba a sí misma
como un ente extraño,
como si su cuerpo no fuese su cuerpo,
como si sus recuerdos perteneciesen a otra persona.

Permanecía totalmente paralizada
intentando reconocer el minuto exacto
en el que todo había cambiado.
Justo el instante que la llevó a estar allí.

Alguna vez le había gustado
tomar café muy caliente,
abrir las ventanas de par en par
por el miedo a no sentirse libre.

Contemplar cómo caía la lluvia,
sonreír al caminar por las calles,
poner el volumen de la música muy alto,
recorrer cada lugar como si fuese un laberinto.

Cerrar los ojos en la ducha,
leer en voz alta cuando estaba sola,
ordenar meticulosamente cualquier cosa,
mirar las estrellas imaginando figuras.

Acostarse a altas horas de la madrugada,
escribir en cualquier lugar, a cualquier hora,
doblar los tickets del metro,
pisar y saltar en los charcos prohibidos.

Pero el más mínimo rasguño del pasado
había huido sin dejar en ella
más que un tenue reflejo.
Ni tan solo una carta de despedida.

Se fue un día cualquiera
dejando en cualquiera recuerdos cualesquiera.
Pero ya no estaba allí,
no quedaba nada en su propio vacío.

COMO RAUDOS CABALLOS VELOCES

De repente, el ambiente se tornó cálido,
nada se oía, nada importaba.
Las pulsaciones acrecentaron,
el latido del corazón se aceleró.
Pum pum, pum pum,
se escuchaban las palpitaciones
como raudos caballos veloces.
El eco se esparcía por el interior
de un cuerpo ya ajeno.
Hasta las puntas de los dedos
alcanzaban las sacudidas;
la respiración quedó ahogada,
y las mejillas como ardientes
lugares de batalla.
Asustaba el calor que desprendían
al son de la reverberación de latidos,
cuales pellizcos incendiarios.
Súbitamente, algo inefable.

CONTEXTOS REVERSIBLES

Aquí nada se derrumba. Los cimientos acostumbran a sostener
pretensiones e ideas. Cuenta atrás.

Lo que pende de los hilos,
esa realidad reversible,
cuelga y se balancea.
Obstinaciones reveladas.

Cada milímetro de empatía
queda intacto,
sujeto por los costados
con pinzas viejas.

Las facturas de los silencios,
los inventarios de las promesas,
los títulos de la experiencia:
mundos malgastados.

Las palabras permanecen
tendidas al sol,
expuestas al deterioro por el tiempo,
asustadas las ráfagas de viento.

EL PSIQUIÁTRICO
DE LOS PELUCHES PERDIDOS

¿Cuánto cuesta el tiempo?

El polvo recubre ya aquellos muñecos rotos.
86 % poliéster, quizá algodón,
gran cantidad de plástico inflamable,
ropajes varios y complementos.

Un soldado de plomo,
deteriorado, casi incoloro,
que forma parte de la seguridad privada
del reino de la habitación de cualquier menor.

El pequeño peluche marrón,
con la etiqueta deshilachada
y un brazo descosido,
que te custodiaba tras las sábanas.

Tal vez un juguete cualquiera:
un pequeño coche ya sin ruedas,
aquel primer diario del que te ríes,
pero que fue con el que te enseñaste
a escribir de verdad.

Quizá la camiseta que pretendía
ser un chaleco antibalas en tu imaginación,
y ahora yace con manchas de lejía
en el fondo de cualquier cajón.

O las piezas con las que creabas murallas,
los pinceles con los que pensabas que eras pintor,
los baúles en los que guardabas secretos,
cajas de zapatos vacías con corazón.

Un patinete que patrullaba las calles,
en realidad, un trozo de madera
con ruedas prefabricadas,
colores y decorados de cartón.

También aquella taza con dibujos
que era tuya y de nadie más,
O el álbum de cromos,
como algo sagrado, un libro prohibido.

Todos los peluches rotos.
¿Quién te hubiese dicho
en el momento en el que jugabas con ellos
que sería la última vez?

CUADERNO GRIS

Es otoño sin viento. Tenemos un pacto.

He comprado un cuaderno
para esculpir tus pestañas.
Hagamos un trato: yo las
cuento mientras tú prendes
fuego al tiempo. Y es que
nos falta, ¿verdad? Nos falta
tiempo, nuestro tiempo.
Y nos sobran miradas.

Rutinas dormidas

El traspaso de lo difícil a lo fácil, de lo inalcanzable a lo posible,
de lo soñado a lo real. En ese transcurso se derrama la ilusión.

¿Quiénes somos ahora?

Translúcidas eran nuestras sensaciones,
posiblemente precarias y adolescentes,
impacientes y desubicadas,
impulsivas y primarias.

Acaso malinterpretadas y dispersas,
con rostro sonrojado
y decisiones en forma de avalancha,
tan necesarias como indomesticadas.

¿Quiénes somos ahora?
Consecuencia de buscar una respuesta.

Sucumbimos a perfeccionar nuestras armas,
nos declaramos en estado de guerra,
pretendimos aspirar a ser personas expertas
en nuestra propia invención.

Lejos de acercar posiciones,
nos inclinamos hacia el abismo.
Liberando comparaciones ajenas
por buscar términos definitivos.

¿Quiénes somos ahora?

Pretendiendo la eternidad,
nos convertimos en cuerpos extraños.
Orgullosas las palabras inquietas
que se vertían en los versos.

Queda muy atrás aquella cometa.
La lluvia se clava como agujas en luto.
Nos convertimos en sombras en la noche,
charcos que reflejan siluetas.

¿Quiénes somos ahora?
No lo podremos soportar.

CARA O CRUZ

Si te inventas el futuro que no sea por falta de sueños.

Elegir:
ese término malgastado,
a veces ingenuo; otras, maldito.

Presa, de tanto en tanto,
de la suerte,
soberbio y mimado.

Causa de la desesperación
más frustrada
o de un mínimo desliz.

Promesa impropia
de un planteamiento futuro.
Dueño de la impotencia.

Elegir como sinónimo
del desprecio,
e igualmente del deseo.

Vocablo digno
del precipicio del tiempo.
A veces, tan poco, y otras, demasiado.

Hoy, hay literatura en tu mirada

Te escribiría una tormenta para saciar tu sed.
De tus manos surgen las flores
que echan raíces en mi pecho,
como una fábula errante
cuyo protagonista es eterno.
Brotan los tallos, nacen las hojas
en un cauteloso vaivén
que es promesa, futuro
y horizonte sin remordimientos.

ODIO LA POESÍA

Mentiras piadosas.

Odio las palabras,
los versos y los sueños,
los libros y los sentimientos.

Odio la literatura al dibujar espejos,
el arte, las ansias,
las rimas con balas
y la poesía que corta,
con acero y tequila, el viento.

Odio los folios en blanco
y los llenos de aguaceros;
las melodías callejeras.

Odio las canas,
las mezclas inmiscibles,
el silencio.
Odio las librerías
y las bibliotecas asustadas.

Odio las voces roncas,
ahogadas con ron y bostezos,
leyendo anécdotas.

Odio el sigilo, odio las ganas.
Odio las cartas antiguas,
las máquinas de escribir,
los términos inexactos
y las definiciones bipolares.

Odio la poca repercusión,
irónicamente,
del punto y aparte.

Odio las plumas rotas
y la tinta derramada.
Odio los cafés olvidados,
las estrofas en las servilletas,
y los recitales prohibidos.

Odio el olor a perfume viejo,
las caricias de las manos ásperas,
las casualidades premeditadas,
las dedicatorias de los poemarios.

Odio tanto la poesía,
que paso hojas al morder el alba,
que escribo sin parar
para intentar olvidarla.

BALANZA

De esas veces en las que sabes que la peor de las opciones es la que necesitas para sobrevivir a ti misma.

Ocupaba
esa
parte
de
la
posibilidad
que inclinaba la balanza hacia el lado más peligroso.

INTERROGACIONES

Lema de mi exposición de fotografía «El vaivén de las musas».

Si las preguntas
que quieres contestar
tuviesen respuesta,
la poesía
dejaría de habitar
entre interrogaciones.

MANUAL DE VIDAS PRESTADAS

Hechos que se repiten intermitentemente, costumbres adquiridas
que nos persiguen: las mismas causas, las mismas consecuencias.

Nacemos en una voraz dependencia,
a veces por casualidad,
otras por inconsciencia,
por promesas, por compromiso,
por formar parte de las normas
o sobrevivir al sacrificio.

Crecemos mediante planes premeditados,
con protocolos y secuelas,
a base de vasos rotos
o como meros testigos,
de forma paulatina y mimada
o de manera brusca sin ser precavidos.

Maduramos a la sombra de un pupitre,
de creer en unos estigmas
con la premisa de buscarnos
sin pedir permiso.
Construyendo vidas,
manipulando prejuicios.

Nos abastecemos de objetivos,
de encontrar un lugar,
un final o un precipicio.
Nos enfocamos hacia una meta,
por simple costumbre,
por ser como quienes nos han precedido.

Y, de repente, nos encontramos sin órdenes,
pero, de igual modo, no encontramos el sitio.
Nada es como nos contaron,
tantos años preparando hechizos
para hallar el agnosticismo.
Frente a frente,
ya sin armas ni preavisos.

Entonces ¿para qué el manual
de vidas prestadas sin aviso?
Hay quienes se aferran
a cualquier solución volátil,
otros buscan rumores
para seguir creyendo como un vicio.

Y a quienes descubren que nada
era como les habían contado
y se rebelan ante el miedo,
los sitúan en el lado opuesto:
les arrebatan el poder de despertar al resto
del temor y del sueño.

AUSENTES DE ESCENARIOS

*Por cada una de esas personas que luchan por alcanzar aquello
que anhelan, aunque no reciban recompensa.*

Existen logros prestados,
momentos de gloria
que, rápidamente,
se ven recompensados.

Existen resultados inmediatos,
consecuencias premiadas
en un instante,
al momento de destaparse.

Existen recompensas fáciles,
gratificaciones cómodas
que no necesitan
esfuerzo constante.

Existen méritos baratos,
halagos sin fundamento,
aplausos volátiles
sin siquiera palabras.

Existen tantas apariencias,
que los verdaderos
momentos de gloria
quedan ausentes de escenarios.

Un color echado a suertes

Días de lluvia y té en los que todo es blanco o negro. Días en los que no existe punto medio y no hay más opciones que un sí o un no.

Siento caer las partículas del universo,
noto el crujir de las hojas secas,
las gotas de lluvia cuando estallan
desconsideradas contra el suelo.

Todos los trayectos conducen
a indestructibles líneas paralelas.
Todos los hilos se enredan,
aprietan sus costuras.

Y cada una de esas ranuras
parecen inquebrantables,
como si una frontera
delimitara las secuelas.

A un lado, todo permanece
de un color echado a suertes.
Al otro, blanco y negro,
solo blanco y negro.

Siento los ecos de los tacones,
el tráfico en tus ojos,
la vibración impaciente
de un tímido recuerdo.

Me acecha el tiempo,
ya no hay vuelta atrás.
Con urgencia se trazó el camino
y ahora solo se mantiene frente a ti.

El tacto de viento me desvela
en los matices de vacío,
revelando el desastre,
la humilde muralla.

Blanco y negro para dos,
el resto balanceando tonos fríos.
Blanco y negro,
solo blanco y negro.

Un jardín

Tenemos el defecto de creernos invencibles,
invulnerables, inmunes…
De presencia impecable,
respuesta contundente,
ideas claras,
objetivos definidos…
Siempre ilesos.

Cometemos el error de adivinar el futuro,
crearlo, diseñarlo…
De coleccionar momentos rutinarios
y aspiraciones cotidianas.
De seguir, continuar,
hacer equilibrios…
Siempre a salvo.

Si desaprender lo aprendido
fuera secuela y no pretexto,
la fragilidad, la inocencia y la emotividad
vestirían de valentía y coraje
mostrando horizontes insólitos.
Más allá de la maleza, confía,
siempre hay un jardín.

A AMBOS LADOS DE UN MISMO TEATRO

Estar en dos lugares al mismo tiempo. Abajo soñando estar arriba
y arriba deseando volver a bajar.

Vestía de negro como habitualmente,
sentada en una butaca del centro de aquel teatro.
Poco a poco la invadía una ansiedad alimentada,
sentía calor, le sudaban las palmas de las manos.

El resto de asistentes la observaban,
o eso pensaba, o eso desearía.
Que se preguntasen qué hacía allí
sola o independiente, triste o bohemia.

Lo prefería a la sensación de ser el epicentro
de un bucle inconcluso y fugaz,
escuchando trozos de conversaciones ajenas
y gestos repetitivos y malévolos.

De repente, sintió cómo se hacía pequeña,
minúscula junto a su butaca roja;
cómo todos sus pensamientos se inyectaban
como agujas en la moqueta de aquel salón.

Notaba cómo desaparecía y todo
lo que la rodeaba permanecía inmóvil.
Se hacía invisible sin saber si quería
agarrarse a la realidad o disolverse en ella.

Sin más, se vio en el inmenso escenario,
imaginando sillones vacíos para seguir,
se introdujo completamente en sí misma
sin importar la espera ni el camino.

SE DERRITE EL CIELO EN TUS OJOS

Los mares no mienten, guardan la eternidad.

Se derrite el cielo en tus ojos
y las nubes parecen arrodillarse ante tus pupilas.
Todas las tormentas pasean de la mano,
manteniendo el equilibrio,
al bordear tus pestañas dormidas.

Tus párpados parecen ser los guardianes
del interruptor de la lluvia,
y yo no sé qué hacer con tanto amor derramado:
si bañarme de nostalgia
o construir diques con mis brazos.

Los océanos también caben todos en ti
y lentamente se desbordan.
Por alguna razón, las olas
estallan contra mí
pidiendo perdón a deshoras.

Intentas sumergirme en ese mar
y aliviar mi pánico a las alturas.
Y yo, secándote las lágrimas,
cierro la puerta sin respirar,
evaporando la ciudad que aparece si me miras.

Piénsame

Poema seleccionado en el I Concurso de Poesía Aliar Ediciones.

No me pienses más
en tus trazas de café vacías.
No me pienses en los bostezos,
en las derrotas o en las reconquistas.

No me pienses en las sábanas deshabitadas
o en las olvidadas zapatillas de casa.
No en los paseos a solas,
tampoco en la corbata que llevabas.

No me pienses con miradas bajas,
con sonrisas fingidas,
entre fotografías rotas,
ni en las madrugadas.

No me pienses en faldas ajenas,
o en los reflejos de las primaveras.
Mas tampoco en todas ellas.

Piénsame cuando nadie nos reconozca
en los charcos de nuestras locuras.
Pero no me pienses sin abrir las alas.

COORDENADA CERO

Puedo ocupar todas las noches y un amanecer;
puedo surgir de la nada o de raíces olvidadas;
puedo permanecer en la indigencia oculta;
puedo crecer tras los ladrillos, cual exánime flor.

Hablemos de lugares.
Arranquémonos esa tendencia vital.
Atestigüemos nuestras latitudes.

Puedo, o debo, habitar rincones sombríos;
debo sostener azulejos que se desprenden por rabia;
debo morar bajo tejas endebles y dispares;
debo camuflarme entre los vidrios y la madera mojada.

Te mostraré dónde anidan mis huellas,
qué sitio pueblan mis fantasmas,
en qué lugar residen mis verbos.

Mas también puedo, o quiero,
alojarme en el rastro del viento;
quiero permanecer rodeada de paredes níveas
y lienzos austeros;
quiero descender por largos visillos hasta la abertura;
quiero hallarme en la orilla, donde rompen las olas.

Hablo de lugares,
buscando el horizonte de mi sino,
anhelando una señal en el dilatado recorrido.

FRAGILIDAD

«Sí, merezco una primavera, y no le debo nada a nadie»
(Virginia Woolf)

Llegué a pensar que la fragilidad
era cuestión de suerte:
un cristal que grita
rompiéndose en mil pedazos.

El argumento más feroz
era la ausencia,
en soledad o compañía,
aprisionando rutinas.

Sin embargo, es consecuencia del coraje.
El privilegio de ser el soporte de la balanza,
el equilibrio entre las olas,
el aliento al llegar a la cima.

Valentía es fragilidad y resistencia,
miedo y valor.
He perdido la capacidad de mirar atrás
y, créeme, las cicatrices reconocen almas.

El vagón en el pecho

He hecho un largo recorrido, amor,
hacia lugares sin nombre,
hasta destinos perdidos.

Tengo el vagón en el pecho
recorriendo surcos:
latidos vacíos, dormidos,
buscando raíles.

No quiero ser sombra, ya no.
Hoy, que las noches
no llevan a ninguna parte.

Me desprendí del mapa
al que pedir ayuda al anochecer;
las calles solo llevan a tu silencio:
caminos que dudan hacia dónde.

He olvidado en el andén, a tu lado,
el equipaje, la brújula
y sus inalterables secuelas.

ANOCHECER

Abrí los ojos para dejar correr el río.
El afluente del abismo desembocando en tu ombligo.

Quirófano de muñecas

*El poder de dar un «no» por respuesta. Una negativa con todas
las consecuencias premeditadas.*

Perfilo mis labios de un color rojo que me asusta,
la imagen que proyecta la ventana se derrama
mientras me oculto entre libros desconocidos.
Nunca sobreviví a leer versos prestados.

Las esquinas se hacen cada vez más perfiladas
y los hilos se entrelazan como locos.
Describirlo sería como coleccionar pétalos
de flores marchitas, rotas e imaginarias.

Sé que dentro de mí está esa pluma envenenada,
ese punto de inflexión que me otorga la calma,
ese cúmulo, esas ganas, ese ardor
que quema y destiñe el agua.

Poseo el interruptor que puede hacer
que todo desaparezca;
bastaría con borrar de una en una las palabras
y simplemente hacer como si nada.

Mantengo los informes numerados e inconexos,
los expedientes que notifican las secuelas.
Pero siempre me faltan las alas.

ÁTOMOS

*Delirios compartidos. Los grados centígrados asustan a cualquier
pretensión. Febrero en Cádiz.*

Ten en cuenta que estamos compuestos de miedos.
No me sientas como algo lejano.

Desde la punta de tus dedos
se observa el recorrido de los escalofríos,
cómo trepan y surcan las telarañas
de miles de ecos reprimidos.

Tras las arrugas de tus manos,
un inocente y húmedo suspiro
que cabalga libremente
sin ataduras ni egoísmos.

En tus muñecas, la cicatriz
de un mundo sumergido;
sin embargo, me hacen daño
las heridas de lo prohibido.

En tu pecho, el desván
de los llantos rotos sin sentido
que acompañan a los remordimientos
que aguarda mi rostro en tu ombligo.

Qué más da el escondite
de tus pies presos del frío.

Átomos diluidos caen del precipicio.
Siendo fieles a la gravedad,
tus pupilas deberían ser dueñas del viento,
dando tus pestañas el consentimiento.

Tiritar me hace libre,
ofrece un ir y venir de sentimientos,
una estela de latidos agitados
que hace suyos tus antojos.

En tus mejillas, una hoguera,
la desaceleración de un mar evaporado;
en tu figura, traficantes de oxígeno
jugando a caer en el olvido.

Y más allá de los silencios,
el placer de desvestir el ruido.
En tus palabras y susurros,
un cajón de objetos perdidos.

Haz jurar a los espejos
que no se romperán enloquecidos.

Rebalaje

Me he convencido a mí misma,
como quien teje su propia bufanda,
como quien disimula un suspiro,
como quien asiente hasta
prenderle fuego al verso libre.
Del mar, de la distancia, del silencio,
de la fuerza de voluntad, de ti,
del recuerdo, de que la espera es necesaria,
de la marea alta, de ruido, de mí.
Me he convencido inconscientemente
y ya no hay vuelta atrás.
Me he convencido hasta olvidarme
del pasado, del remordimiento, de la noche,
de ti, de mí.

No habrá un mañana

Segundos eternos que empañan paredes agrietadas. Es temprano,
hace viento, se escucha el mar.

Hoy,
llegaste para decirme que no habrá un mañana.
Golpeaste la puerta tres veces,
pero de manera distinta
a cualquier otro día.
Mirabas hacia abajo,
no por timidez,
sino para mantener los pies en el suelo
al dirigirme la palabra.

Hoy,
las paredes se mantenían
por simple compostura.
Dejaste caer el paraguas sin consuelo
y las gotas de agua nos devolvieron la tormenta.
El espejo del baño esquivó tu mirada
y el eco de tus pasos se escondió,
triste y absurdo,
entre tus pentagramas.

Hoy,
mi almohada olía a un perfume distinto
y el significado de mucho se convirtió en un fracaso.
Tu sombra anochecía mi mundo
y las farolas de la ciudad
cabían en tus pupilas.
Llegaste
para besar el recuerdo,
como forma de despedida.

Hoy,
nuestra mesita de noche
sufrió un ataque de pánico.
El despertador malgastó sus alarmas,
haciendo de las sábanas una salida de emergencia.
Recorriste las habitaciones con las puntas de tus dedos
y, haciéndole compañía a la única copa de vino
que quedaba ilesa,
comprendiste que yo ya no estaba.

Mis principios

A veces, hay que buscar la verdadera causa que nos trae hasta el presente. Como el pájaro furioso en la tempestad tranquila de Pablo Neruda.

Deshabito los lugares en los que me hallo,
urdiendo entre desgraciadas cenizas.
Vuelvo para reconocer lo que estaba buscando;
regreso al escondrijo, al musgo seco y la savia.
Camino hacia atrás, siguiendo mis propios pasos
hacia el origen;
recaigo de nuevo en los mismos temores,
me rindo ante ellos sin apenas poder gesticular.
El camino se me hace eterno y la mirada perdida,
las huellas se asimilan a pétalos marchitos.
Me ubico justo al comienzo de la costura:
maltrecha, deshilachada y confusa.
El terreno parece firme, pero es solo
una ilusión fruto de la sinrazón.
Cabalgo las secuelas y el mar parece evaporarse.
El cielo se cuela en mis pupilas
y las deshace a ras de suelo.
Escucho todo lo que mi alrededor esconde,
entre bambalinas y color ocre.
Pero, si mi conciencia atisbara el horizonte,
todos mis principios llevarían tu nombre.

LA HOGUERA DE LOS LUGARES INESTABLES

Felinos camuflados.

Su nombre es irrelevante en este escenario,
pues es la hoguera de los lugares inestables.
Aunque en su mirada habita un felino,
un ser que pareciera de otro mundo,
que ronronea silenciando mis palabras a su antojo.
Posee unas zarpas que acarician
y arañan a la vez.
Al igual que su mirada,
que asusta y atrae al mismo tiempo.

LOS SILENCIOS NO SE PUEDEN DESHACER

Hablar sin palabras. Silencios incómodos. 15:45 horas.

Ayer te vi
y tu café sabía amargo;
las dimensiones de tu sombra
cabían en el mes de abril.

Tus manos sostenían abiertas tu alma;
(siempre creí que eras indestructible).
En el andén 3 ya no quedan miradas:
el cielo y el infierno son el mismo lugar.

Kilómetros de añoranzas te separaban
del reflejo del cristal,
un espejo que miraba hacia otro lado.
Cada vagón encierra su verdad.

No he visto nunca otra piel
que pretenda atar cometas
con cordones de segunda mano,
sin siquiera imaginar nudos en el aire.

Me dijiste, olvidando mirarme otra vez,
o eso me contaron tus heridas,
que llovía sin testigos.
Los silencios no se pueden deshacer.

DEJASTE EN MÍ LOS ATARDECERES

Huellas que quedan; pequeños latidos inconscientes. Como decía
Unamuno, «la libertad no es un estado, sino un proceso».

Yo era libre,
independiente de todo y de todos,
sin complejos ni ataduras.
Me gustaba andar descalza,
prenderles fuego a las distancias,
asustar al miedo,
ser ingenua e inocente,
despiadada y presuntuosa,
no pensar en las consecuencias,
ser dueña del porvenir.
Me infiltraba en las ojeras
de otra gente,
en los aparcamientos de promesas,
en las carreras de las medias.
Era para sentir
el tamaño de los meses impares
en los que no había tormenta.
Una perfecta primavera
corriendo por las calles.
Pero llegaste tú,
intentando ordenar todas las piezas
de las que huían mis promesas.
Ajustando las manecillas del tiempo
que querías contigo.

Y ahora soy sin ser;
dejaste todo aquel orden
desperdigado en mi cabeza,
los desayunos mendigando
por tu ausencia.
Dejaste en mí los atardeceres.
Y detrás de ti quedaron todas las leyes
que mordían el aire.

PARÉNTESIS

(O cómo dejar de lado la amarga rutina). En las ciudades pequeñas todo se paraliza.

Nazco tantas veces
como fallezco tras las heridas.
Me arropo debajo de ese paréntesis
sin opción ni voluntad.
Soy tantas
que se ocultan en la nada.
Afuera se mantiene el vacío
sin más pretensión
que el intento de la cordialidad.
Sin embargo, en el interior
brotan y brotan las secuelas,
germinan todas las que
no tienen cabida en ese absurdo.
Yo las noto,
cómo tiritan en silencio,
el resto las esquiva
en una frustración de la cordura.

VOLAR

«Donde todo termina, abre las alas» (Blanca Varela)

«Ha llegado el momento»,
le dijo con determinación.
«Sé valiente, arriésgate;
ni las golondrinas permanecen
mucho tiempo en el mismo lugar».

Le apretó la mano con fuerza
mostrándole las hojas secas,
las plumas caídas,
las ramas vacías…

«Cuando anochezca,
intenta descender el vuelo
hasta llegar a un sitio seguro
en el que resguardarte»,
insistió acercando la mano a su pecho.

Vestida de ilusión y miedo,
de esperanza y cobardía,
ella asintió con una tempestad en sus ojos
y con las alas tendidas.

El recuerdo más honesto

Formas de echar de menos.
«Mis pasos engañados hasta agora / por jardines hibleos y
pensiles, / por pensamientos y esperanzas viles, / infancia
noche, juventud aurora» (Lope de Vega)

Ahora te veo con otros ojos, con otras alas,
sin tantas promesas, tal vez al alba.
El primer recuerdo se me hace el más honesto;
tras de ti, hace solo unos diez años,
una niña descubriendo la ciudad,
algo gigantesco ante sus pequeños ojos:
sin límites, sin secciones, sin escenarios.
En mi memoria, asociada a una guitarra
en una terraza a las tantas de la noche,
aprendiendo de la juventud y la libertad.
No encuentro muchos más recuerdos,
tan solo esos infantiles que se hacen eternos
sin miradas; recuerdos y calma.

ALABANZA A LO SUPERFLUO

Verano sin piedad. 40° C. Muchas veces dejamos pasar los detalles que son los grandes detonantes.

Es difícil reconocer que nada es nuestro.
Cada uno de los objetos y personas
que alguna vez estuvieron en nuestro interior
se identifican tan solo con un recuerdo.

Nada es para siempre, nada es eterno.
Nos abastecemos de pequeños instantes
cada cual con su particular significado.

Apenas sin darnos cuenta
nos rodeamos de momentos.
Somos cúmulos de situaciones,
similares a relojes de arena.

Nos vaciamos y llenamos constantemente:
intercambiamos nuestro cargamento,
lo olvidamos, lo robamos, lo regalamos.

Jugamos al trueque con nuestro tiempo,
como estanterías de libros
coleccionamos circunstancias
inventamos un cuento.

Hasta que al final,
de un modo u otro,
todo se deshace.

LAS MALETAS AL OLVIDO

Mujer encofrada en un atuendo invernal, guantes de piel
envolviendo sus manos tímidas. Ropajes oscuros, tristes, casi
neutros. Bordado en su escote escondido con una bufanda igual
al cielo. 13:54 horas.

Sigue lloviendo sin lágrimas
mientras tú cambias de piel.
Le haces las maletas al olvido,
desvistes los mapas;
guardas los diarios,
abres cajones y ventanas.
Un caracol desnudo
que busca sol en la noche;
girando en rotondas sin tráfico,
ofreciéndole abrigo al derroche.
Y, entonces, ajustas a la herida
el dedo índice y corazón,
simplemente para contar los latidos
del caos que invade tu interior.

INVERSIÓN DE LATIDOS

Lecciones para cambiar el mundo en un segundo.

Las sombras más extensas
son los presagios
de las inversiones de latidos;
mas con solo un reflejo,
humilde y tenue,
se deshace todo lo vivido.

ATADAS A LA LLUVIA LAS CICATRICES

Cada intento merece la pena.

Nuestras colinas no serán dibujadas en vano,
pertenecen a cada paso que nos condujo a ellas.
Nuestros silencios, nuestros escondites;
de cada piedra una bufanda presionando el pecho,
la huella de un vaso vacío en una mesa de cristal.

«Me entusiasma la inocencia que no cesa».
El esfuerzo que conlleva mantener la confianza,
sin que por ello el sueño agote el miedo,
es tan alto como el ascender de tus pestañas,
tan ancho como el verbo regresar cuando es incierto,
tan largo como el final de la historia de un país.
Tenemos atadas a la lluvia las cicatrices;
no se distinguen los raíles de las avenidas,
se oculta el interludio entre los ritmos distantes.

Los cimientos de nuestras convicciones
descansan su peso en los charcos.
Nuestras justificaciones, nuestras respuestas;
de cada reflejo el brote de un breve invierno,
una maleta sin nada dentro.

TRES MIRADAS

Me dividiría para multiplicarte.

Desearía tener tres miradas a la vez:
una, para contemplarte como siempre
y no perder la rutina;
otra, desde tu punto de vista
para conocer tus pupilas;
y, la última, para vernos desde fuera
mirándonos entre risas.

Confusión de conjugaciones

Recuerdo el pasado
como un futuro prohibido.
En una fracción de segundo
los tiempos verbales
quedaron suprimidos.

DESPERTAR A LOS DRAGONES

Heme aquí entre las cenizas
que hicieron del fuego
y las ascuas en tu torso
el finito placer que las destruyó.

Donde no existen las armaduras
ni las espadas de acero
y únicamente se le permite al aullido
devolver el honor.

Solo arena, tibia aún, en el suelo;
la brisa vuelve cálida en su caricia
y temerosa en su roce.
Solo retórica, a falta de valentía;
la noche cae deprisa y furiosa,
más veloz que la propia razón.

Cada vez es más rápida la caída
sin alas, en silencio,
producto de vuelos inciertos
sin ropa interior.

Se acorta el promedio de días
que mis intenciones necesitan
para despertar a los dragones
y esconder al infierno en tu colchón.

FINGIR ES FÁCIL

Aprendiendo a desaprenderte.

Yo quería un mundo contigo;
permíteme mentirte
como me enseñaste,
acariciando bajo las estanterías
muñecas de porcelana.

Un mundo en el que
todos los rostros fuesen
simples reflejos
tras cristales mojados.

En el que fotografiarte
tras las sábanas
fuese tan fácil
como derretir el hielo
de un vaso medio vacío.

Quise, no importa el tiempo pasado,
llevar guantes por simple compostura.
Descubrir la verdad de un «contigo»
al besarte las muñecas.

Lo intento, imaginarte mortal
y salir ilesa.
Fingir es fácil,
si es un verbo compartido.

ESTADO DE ALARMA

Eres mi artículo 116.2.

No me dejes caer en el olvido
de tus tristes ojos negros.
No reces por compromiso
para fingir que te arrodillas.
Cuéntame una historia
y haz que me la crea,
susúrrame el final al oído:
feliz,
pero sin compromiso.

No me dejes
en este estado de alarma,
con las murallas destrozadas
y el epicentro en tus dedos.
Miénteme, si hace falta,
pero cubre mis puertos
con barquitos pequeños.
Escucha las caracolas
estafando en silencio.

No me dejes,
es una orden
de alejamiento.
Hunde tus mejillas
al ritmo de latidos inexpertos.

Los castillos anuncian catástrofes
si pagan las facturas al viento.
Vete para no volver,
pero vuelve si el mar no tiene celos.

METÁFORAS DE ARTEMIS

Poema que recibió el Primer Premio de Poesía del IV Concurso Red de Bibliobuses de Guadalajara.

Caí en el error de ser objeto de cambio,
de nuevo.
En mi agenda taché todo lo que se volvió innecesario,
de repente,
pospuse lo nuevo y lo viejo,
lo cotidiano, lo planificado,
todo por un deseo a corto plazo,
por un futuro inmediato.
Pasé toda la noche en vela
reproduciendo situación tras situación
en mi mente,
asustada por tanta cantidad de silencio,
quizá por hablar demasiado.
Mis ojeras eran testigo de aquel impulso,
ese al que nunca puedo frenar,
al que no quiero frenar.
Y amanecí desnuda de presentimientos:
una débil lágrima en el viento,
un ave herida expuesta al miedo.
Recorrí sobre mis huellas pasadas
las nuevas idénticas,
mientras hilaba historias:
ideas ya con alas.
Adelanté el reloj, pues supuse

que, como siempre,
las horas me alcanzarían raudas
y paralizarían el deshielo.
Idas y venidas que intercalaba
con humo seco.
Redirigí los acordes para sostener mi música,
estable.
Deslicé los dedos provocando un eclipse,
sin luna.
Cuál fue mi sorpresa que al terminar
ya había anochecido:
los suspiros llamaban a mi puerta.
Y regresé,
como vuelven los inviernos
para empujar a la primavera;
como reaparecen todas las promesas
al terminar una guerra.

EL TIEMPO NOS HA HECHO VALIENTES

Hemos asustado al tiempo, pequeña.
lo hemos destruido,
lo hemos olvidado,
lo hemos roto,
lo hemos ocultado.

Y, justo al mismo tiempo,
lo hemos hecho crecer,
lo hemos recordado,
lo hemos reconstruido,
lo hemos revelado.

Minuto a minuto
hemos deshecho las horas
que traficaban con almas
y hemos edificado los momentos
que mantenían la calma.

Indemnes quedamos
en un presente que no cesa,
en un ahora que libera nostalgias,
que sostiene promesas
y aísla miradas.

El tiempo nos ha hecho valientes, pequeña.
El coraje del ayer,
el valor del hoy
y el afán del mañana,
nos mantienen ilesas.

PAZ

Te prestaré mis armas y me hallaré
vacía ante las llamas, fuego inmenso.
Nada más, ni mapas ni brújulas,
solo eso: un insignificante gesto.
Las manos frías, en un intento sumiso
de decir basta; ¿nada más?
Todo: reverencia hasta rozar un
ínfimo resquicio de armisticio.

Epílogo

Epojé, de Maribel Marín Jiménez, nos ofrece una prosa cuidada, versos libres, alejados de convencionalismos estéticos y transversalidad de un pensamiento filosófico crítico de raíces profundas. *Epojé*, tercer libro de la autora, contiene unicidad y belleza. Una obra poético filosófica que permite adentrarnos en sus versos con placer y sosiego, profundizar sin que nos acongoje, leer pausadamente, precipitarnos en sus dudas existenciales, pasear por su memoria feliz, sus días de asueto y amor, mecernos en sus pensamientos; en definitiva, cultivar una forma de estar y ver la vida, particular y sui géneris. *Epojé*, una mirada de Maribel Marín Jiménez, poeta, sin fundamentalismos, sin violencias, sin límites ni normas. Se aprecia el placer de estar, el dolor de la pérdida, la soledad o la muerte, la memoria personal o colectiva; todo *Epojé* nos ofrece sinceridad y belleza.

Desde el título, Maribel Marín Jiménez nos está haciendo una declaración de principios. Nos adentra en la filosofía griega, que forma parte de nuestros orígenes culturales más profundos y universales. Un *epojé* poético, la *poiesis* o creación poética de Maribel Marín Jiménez, que surge como «un ruido ensordecedor / que con tus pasos se agota». De su recelo ante la realidad existencial. Se libera de prejuicios, nos aboca a la incertidumbre: «Quizá sería como / una pequeña caja plateada / que nos atrapa / justo antes de que / se alcen en vuelo», y nos hace añorar el instante del verso, el momento de la creación, la voluntad de emocionarse con las palabras y comunicar sustanciándose, translocándose. Suspendida en sus pensamientos: «Aquellos que, / sin saber cómo, / aparecen en tu mente / perfectamente hilados, / medidos y escenificados». Nos confiesa: «Escribo desde otra dimensión. / Mi silueta se encuentra presa / en un lugar bajo espesa niebla, / cuyos artilugios simulan el infinito», recuperando sus antecedentes, sus fuentes filosóficas. Indaga en su experiencia subjetiva, su pensamiento husserliano (Edmund Husserl), nos reta, apostando por las disciplinas sobre la realidad, sin dejar a un lado la realidad misma. La búsqueda del conocimiento, la observación de lo circundante, el contexto y el símbolo. Indaga en el sexo de la poesía, y fluye en sus dudas: «En el preludio de una noche que se hacía pasar por eternidad», afirma «formamos parte del otro». Sin embargo, la realidad se altera, Maribel Marín Jiménez se adentra, indaga en su cotidianidad en constante búsqueda.

Ella navega entre sus propios desencuentros: «Gritar es la forma de estar callado para siempre, / correr es asegurar el silencio». Busca antecedentes, complicidad en las palabras de Antoine de Saint-Exupéry, en el poema «Nunca susurres a un desconocido», sugiriendo todo un mundo de sentimientos encontrados al exponer sus escritos a enjuiciar: «contra palabras que tiritaban / mostrando el delirio y la locura». Se contradice, consciente y veraz en: «Odio tanto la poesía, / que paso hojas al morder el alba, / que escribo sin parar / para intentar olvidarla». Quizás porque la posee, la envuelve y altera su realidad constantemente: «Dejaste en mí los atardeceres». Se deja llevar amando: «Pero llegaste tú / intentando ordenar todas las piezas / de las que huían mis piernas». Consciente: «Y ahora soy sin ser», asertiva y valiente: «Nazco tantas veces / como desfallezco tras las heridas».

Antes de culminar, expone su estado de alarma; con la conciencia viva, se siente desalmada, indefensa, quizás. «Eres mi artículo 116.2.», entregada y vulnerable: «No me dejes caer en el olvido / de tus tristes ojos negros»; rebelde y contradictoria: «Vete para no volver», afirma, para concluir vacilante y consciente, quizá despejando así su propia incertidumbre: «pero vuelve si el mar no tiene celos».

AURORA GÁMEZ ENRÍQUEZ

Coín (Málaga), 1956. Licenciada en Ciencias Biológicas por la Universidad de Barcelona. Educadora desde 1990 en el Instituto Andaluz de la Mujer. Medalla de Oro de las Letras ACAMAL (2019), como autora del Grupo ALAS. Libros: *Praxis feminista en Málaga y provincia 1990-2011*; *Haikus a tres voces-Three voices haikus*; *Dreistimmige Haykus*, traducido por Alice Wagner (Ediciones AuroÉtica, 2019); *Del azahar era el valle* (2017); *Más allá del Jazmín* y *La luz de mis ojos* (2020); *La piel del verso* (Stonberg Editorial, Barcelona, 2021). Tiene numerosa poesía en más de veintitrés antologías poéticas, prólogos y reseñas críticas en revistas especializadas. Es presidenta del Grupo ALAS y Delegada de ACE (Asociación Colegial de Escritores de España), Sección Autónoma de Andalucía.

Índice